ÍNDICE

C/ Campezo, 13 - 28022 Madrid

Tel.: 91 3009100 - Fax: 91 3009118

Mis historias favoritas para CHICAS

susaeta

LAS ABEJAS LABORIOSAS

El granjero comenzaba la mañana diciéndole a sus abejas desde la ventana:

–Queridas abejas, ¡buscad flores y extraed su polen para hacer rica miel!

–¡Zzzz! –contestaban siempre las abejas.

–¿Qué hacen las abejas? –preguntó un día el asno Don a su amigo Sam.

–Las abejas recogen polen para hacer miel. ¡Y han visto las flores de de tu sombrero!

–¡Pero si son de plástico! –gritó Don–. ¡Fuera de aquí, abejas!

Y las abejas continuaron su camino dirigiéndose hacia el prado, donde la vaca Carla pastaba alegremente.

–Las abejas no dejan de zumbar a mi alrededor –mugió Carla algo nerviosa.

–Necesitan polen para fabricar miel –volvió a explicar Sam.

–Porque, al recogerlo, ayudan a que nazcan nuevas plantas –añadió Don–. ¡Mirad, van hacia las flores del huerto!

Allí crecían guisantes, repollos, tomates y otras verduras.

Pero las abejas preferían las flores amarillas y naranjas de los calabacines y las judías.

–¡Zzzz!

–¡Míralas! –dijo Sam–. Ayudan a las plantas en la polinización... ¡Eso significa más comida para nosotros!

–¡Pero qué abejas más trabajadoras y organizadas! Nunca más me quejaré cuando revoloteen a mi alrededor –dijo Carla.

–Ni yo cuando acudan a mi sombrero –dijo Don.

–¡Zzzz! –contestaron alegremente ellas.

EL HADA PENSAMIENTO

–¿Cómo puedo ver a una niña? –preguntó un día el hada Pensamiento al hada Armonía.

–Hay una en el jardín –dijo Armonía–. Tiene el pelo muy bonito, los pies pequeños, una dulce cara y una suave voz. ¡Espera y verás!

Pensamiento se escondió entre las flores y esperó hasta que oyó unos pasos que se acercaban. Al asomarse, vio las enormes botas azules de un niño cuya cara no le pareció nada dulce.

–¡Bea! ¡Hay hadas en el jardín! –gritó el escandaloso niño.

Pensamiento miró de nuevo. Esperaba ver una linda cara y un pelo largo. Pero en su lugar, veía una cara sucia y un pelo corto.

–¡Marcos! –dijo una dulce voz–. ¿Por qué gritas?

–Por un momento, creí ver... –respondió Marcos algo confuso.

–¿Hadas en el jardín? –concluyó Bea–. Ya te he dicho que no existen.

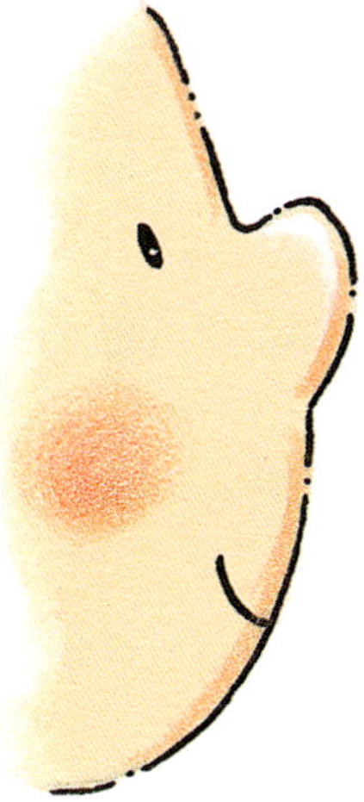

Marcos se alejó dando puntapiés a las piedras. La delicadeza no era su fuerte. Pero Bea separó las flores cuidadosamente y, allí sentada, con la cara oculta entre las manos, estaba Pensamiento.

–¡Sabía que había hadas en el jardín! –dijo Bea–. Menos mal que Marcos se lo ha creído. No quiero que os descubra, es algo antipático.

Pensamiento retiró las manos de sus ojos y vio una preciosa niña de piel suave y pelo largo.

–¡Esto es lo que yo estaba buscando! –dijo el hada–. ¡Por fin he descubierto cómo es una niña!

LOS TRES DESEOS DE JULIA

Al hada Rubí le gustaba estar con los juguetes y no en el árbol de Navidad, como cada año.

–No quiero ser un adorno navideño –le dijo a Julia–. Voy a quedarme con vosotros, en lugar de volver al trastero hasta el próximo año. A cambio, Julia, te concederé tres deseos. ¡Pide el primero!

–¡Unas alas como las tuyas! –gritó Julia sin dudarlo un momento. Y en la espalda le crecieron unas preciosas alitas plateadas.

–Muchas gracias, linda hada. ¡Mirad, amigos! –exclamó Julia, y comenzó a agitar las alas y a revolotear por toda la habitación.

Los juguetes sonrieron algo preocupados. Julia, en cambio, parecía divertirse mucho.

–¡Para un poco! –dijo el conejito azul–. Vas a acabar agotada de tanto volar. No estás acostumbrada.

Julia descendió y se sentó en una silla, pero sus alas no le dejaron apoyarse sobre el respaldo. Quizá estaría más cómoda tumbada en el suelo, pero las alas seguían estorbándola.

Entonces, en los ojos de Julia afloraron unas pequeñas lágrimas ante la idea de no volver a estar cómoda nunca más.

–¡Pobre Julia! –dijo el hada–. Ya no te gustan tus alas, ¿verdad?

–No –gimoteó la niña–. ¿Puedo ser como antes?

Rubí agitó su varita mágica y, al instante, las alas desaparecieron.

–¡Gracias! –dijo Julia muy aliviada.

–Aún te queda un deseo –dijo Rubí.

–Mi único deseo es que estemos juntas para siempre.

EL AMULETO DE FUFÚ

Un día, el gato Fufú encontró un objeto redondo en el suelo. «¡Qué cuenta de collar tan bonita! A partir de ahora será mi amuleto de la suerte», pensó.

Pero, al ir a cogerlo, se le escapó rodando de entre las zarpas y fue a parar a la ratonera de la pared. «Lo recuperaré», se dijo.

Y comenzó a rebuscar en el agujero hasta que por fin lo consiguió, pero su patita salió un poco magullada. ¡Ay, cómo le dolía!

«No importa, lo he recuperado», pensó.

Pero al levantarse, se dio con el alféizar de la ventana en la cabeza y la cuenta salió rodando hacia un montón de cajas apiladas. ¡Ay, cómo le dolía!

«No importa. Volveré a recuperar mi amuleto».

Y se encaminó hacia las cajas de puzles. Se metió entre ellas con cuidado, muy despacio, pero, con un ligero movimiento, su rabo golpeó una de ellas y todas las cajas cayeron sobre el pobre Fufú. ¡Ay, cómo le dolió!

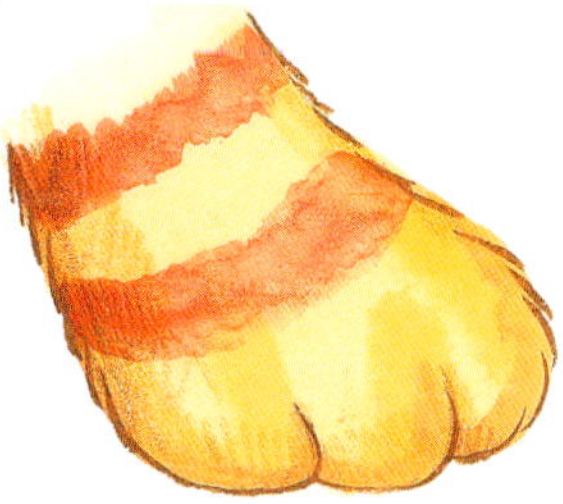

–¿Qué estás haciendo, Fufú? –preguntó Julia mientras le sacaba de entre las cajas.

–¡Intento recuperar mi amuleto de la suerte! Aunque, hasta ahora, esa cuenta no me ha dado más que problemas.

–¡Pero si esto no es la cuenta de un collar, sino la ruedita que perdió el caballo de madera! Llevábamos días buscándola –dijo Julia.

Y todos rieron felices. Hasta Fufú, que pensaba que, por primera vez en todo el día, la suerte al fin le había sonreído.

EL ESPECTÁCULO

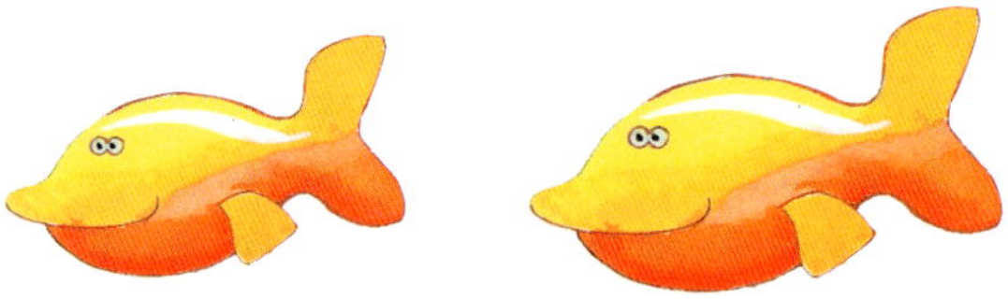

–¡Montaremos un espectáculo! –dijo el cerdito–. ¡Tendremos una estrella, una gran artista que actuará en él! ¿Nos ayudas, muñeca de trapo?

–¡Sí! –contestó ella. Y, sin dilación, se puso a trabajar. Forró el teatro de marionetas con papel verde azulado, colgó plantas y peces de colores y puso un montón de arena en el suelo del escenario. Estaba entusiasmada.

La decoración del teatro recordaba el fondo del mar.

–¡Es como si hubieses hecho magia! –dijo el cerdito fascinado.

De repente, la muñeca lanzó un gran grito de sorpresa.

–¡Un cofre del tesoro! –dijo a la vez que levantaba la tapa–. ¡Collares, una pulsera plateada y una corona de oro!

Las plantas no paraban de agitarse con el fervoroso aplauso de los muñecos que observaban la actuación improvisada.

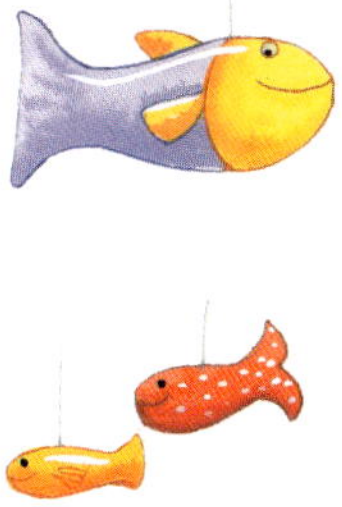

–¡Qué espectáculo tan bonito! –dijo el hada–. La princesa ha descubierto el tesoro perdido.

Al acabar la función, la muñeca de trapo buscó al cerdito por todas partes.

–Me alegra mucho que os haya gustado tanto mi representación, pero era solo para entreteneros hasta que llegase la auténtica estrella. ¿Dónde está la gran artista? ¿Es que no va a venir?

El cerdito comenzó a reír y respondió:

–¡Pero si ya ha aparecido! Y nos ha encantado su actuación. ¡Tú eres la estrella del espectáculo!

¿DÓNDE ESTÁ TANI?

La princesa Fara adoraba a su gata Tani. Era el regalo de su último cumpleaños.

–¿Qué pedirás este año? –le preguntó la reina.

–Que Tani esté siempre conmigo –respondió Fara.

–Eso es fácil. ¡Veré qué puedo hacer! –dijo la reina.

Al día siguiente, nada más despertarse, la princesa llamó a su gatita. Pero esta no apareció. Al mediodía, Tani regresó con una sonrisa entre los bigotes.

–¡No te vayas otra vez, Tani! –dijo Fara.

Pero Tani pasó fuera la mayor parte de ese día, y también del siguiente. La princesa se sentía muy triste y preguntaba sin cesar:

–¿Dónde estabas, Tani?

La gata, en cambio, parecía muy alegre cada vez que regresaba de sus misteriosas excursiones. Al día siguiente, Fara se levantó temprano.

–¡Mi cumple! –exclamó–. ¿Dónde está mi preciosa Tani?

Después de buscarla por todo el palacio, se encaminó a los jardines. Y allí, junto a la rosaleda, estaba la reina. ¡Y Tani estaba con ella!

–He acabado. Ya puedes verlo –dijo la reina sonriendo.

¡Era un retrato al óleo de Tani!

–Lo enmarcaré y así tendrás a Tani siempre contigo –dijo la reina–. ¡Feliz cumpleaños, querida Fara!

La princesa estaba tan feliz, que no sabía qué decir.

¿Y Tani? ¡La gata parecía más contenta que nunca!

LA CARAVANA

Durante muchos veranos, Clara, la caravana, había acompañado a la familia Martín en las vacaciones. Para los hermanos Tomás y Luna, Clara era una estupenda compañera de juegos.

–Me gusta mucho dormir en las literas de Clara –dijo Tomás.

–¡Qué pena que pronto tengamos que volver al colegio! –dijo Luna cabizbaja, mientras pensaba en lo mucho que echaría de menos a Clara hasta que llegase el verano siguiente.

–¡Ánimo! Esta vez no nos despedimos hasta el próximo verano –dijo su mamá–. Clara nos acompañará este fin de semana a la boda del tío Juan.

La boda se celebraba en una preciosa carpa instalada en el jardín de la casa para albergar el gran convite. Fue una boda fantástica, y estar con Clara la hizo aún mejor. Aparcada junto a la carpa, sirvió de entretenimiento para todos los niños. Fingían que era una cabaña, una nave espacial o simplemente se entretenían subiéndose al techo.

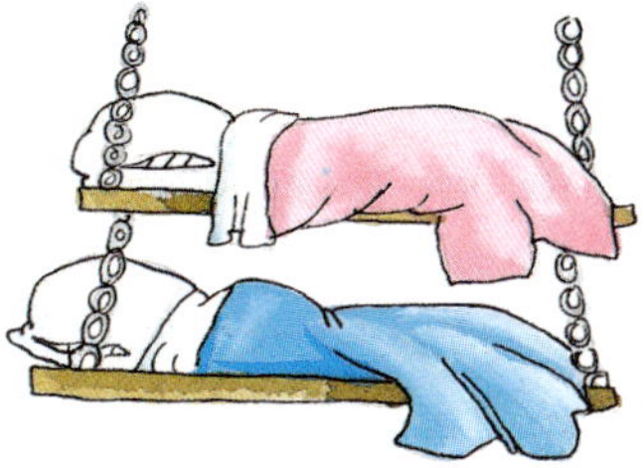

De pronto, a Tomás se le ocurrió una idea para poder ver a Clara todos los días y no tener que esperar a las próximas vacaciones.

–Mamá, ¿podríamos tener a Clara aparcada en el jardín de casa? Así invitaría a mis amigos y jugaríamos como ahora.

–¡No es mala idea! –dijo la mamá.

Así, cuando no les lleva de viaje, Clara es el cuarto de juegos ideal para Luna y Tomás. Ahora, estar en casa o de vacaciones ¡es igual de divertido!

LA CASITA METEOROLÓGICA

La mamá de Jana había traído una casita meteorológica como recuerdo de su último viaje. Cuando el tiempo era lluvioso, aparecía un chico con un paraguas y, cuando hacía bueno, aparecía una chica con una flor. Cuando él se asomaba, ella se escondía, y al revés. Un día, comenzó a llover, pero el sol aún podía vislumbrarse tras las negras nubes de tormenta y, por un instante, las dos figuritas pudieron estar juntas por primera vez.

El tiempo permaneció así de revoltoso durante unas semanas. El chico de la lluvia y la chica del sol no paraban de entrar y salir de la casita, pero apenas se veían durante unos segundos.

–¿Qué es lo que les pasa, mamá? –preguntó la niña

–Es primavera, Jana. El tiempo cambia constantemente –le respondió la mamá.

El trajín de entradas y salidas hizo que la casa se tambalease tanto que, al final,

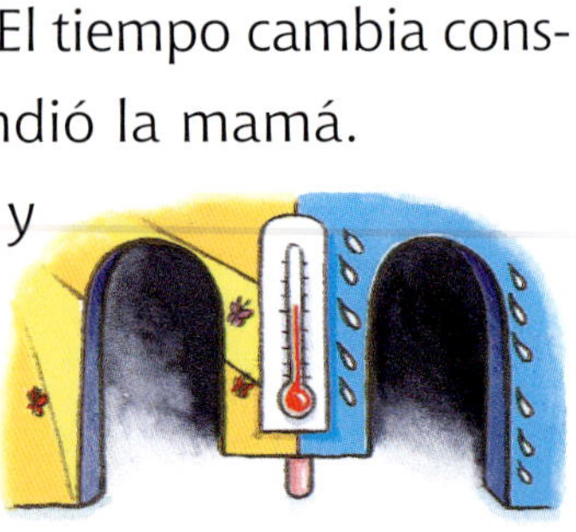

el pequeño clavo que la sostenía terminó por ceder y la casita cayó al suelo, rompiéndose en pedazos. Solo las dos figuritas permanecieron intactas. Jana y su madre consiguieron pegar todos los trozos y volvieron a colocar las dos figuras en la puerta.

A Jana le encantaba ver lo felices que estaban juntos, sin separarse por culpa del sol o la lluvia.

–¡Mira cómo sonríen, mamá! –gritó entusiasmada–. Da igual el tiempo que haga. ¡Nunca volveré a separarlos!

EL LIRÓN DORMILÓN

Últimamente, el lirón dormía más que nunca.

–Otra vez está durmiendo –dijo la ardilla.

–Dormir no sirve para nada –dijo el pato.

–¡Hay tantas cosas divertidas que hacer! –exclamó el conejo.

Al día siguiente, el lirón se despertó muy temprano, y pasó toda la mañana recogiendo todo el maíz, las nueces y las bayas que pudo encontrar.

–¡El lirón está trabajando!

–¡Busca comida sin parar! –dijo la ardilla–. ¿Tendrá hambre después de tanto dormir?

El lirón se lo comió todo de una sentada, cavó un hoyo en el suelo y se echó a dormir hecho una bolita.

–¡Va a dormir de nuevo! –dijo el conejo.

–¡Vaya tontería! –contestó la ardilla.

–¿Eso creéis? –dijo el ciervo–. Mirad las hojas caídas. Sentid el viento frío. ¡Se acerca el invierno!

–¡Oh! ¡Mi estanque se helará! –dijo el pato.

–¡Habrá que buscar comida! –dijo la ardilla.

–¡Y un sitio para resguardarnos del frío! –replicó el conejo con un escalofrío.

–Mientras, el lirón dormirá con el estómago lleno hasta que regrese el calor –explicó el ciervo–. Se llama «hibernar».

Miraron en el agujero y vieron al lirón profundamente dormido.

–¡Nos volveremos a ver en primavera, lirón dormilón! –dijeron todos al unísono.

DINA Y LA AMBULANCIA

«¡Atención, Ali y María! ¡Atención, Ali y María! Susana se ha caído en el parque. Tiene que ir al hospital. Cambio».

–Aquí María, la enfermera. ¡La ambulancia y yo vamos de camino! ¡Cambio y cierro!

Cuando llegaron al parque, Susana estaba llorando mientras su madre intentaba consolarla.

–¡Mi muñeca Dina se ha roto!

–¡Lo que está roto es tu brazo! –dijo la mamá de Susana–. Ali y María nos llevarán al hospital.

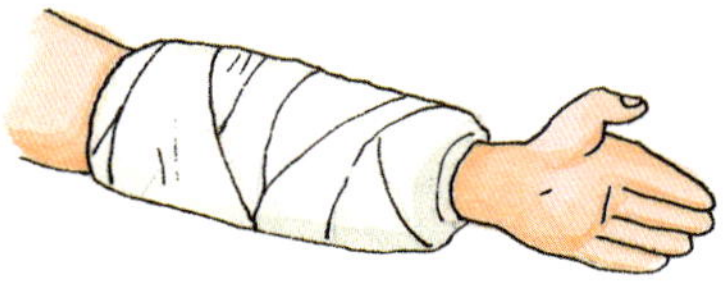

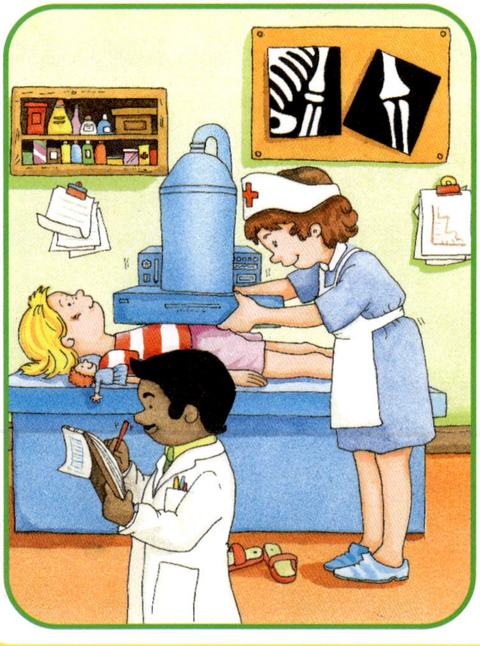

–¡No, al hospital no! –gimoteó Susana.

–Pero, Susana, alguien debe acompañar a Dina al hospital, ella no puede ir sola –dijo su madre.

Susana dejó de llorar al instante.

–De acuerdo, la acompañaré –dijo algo más convencida.

Cuando llegaron, el médico hizo una radiografía del brazo de Susana, la auscultaron y le curaron la herida de la rodilla. Mientras, la enfermera vendaba el brazo de Dina y le ponía una divertida tirita en la mejilla.

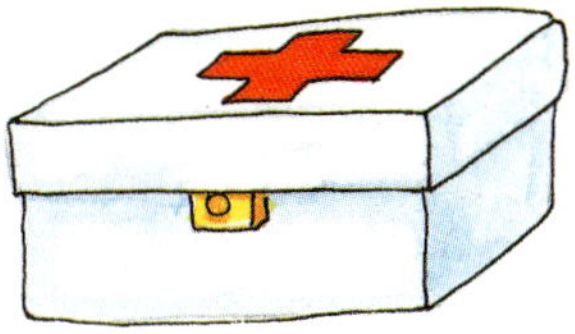

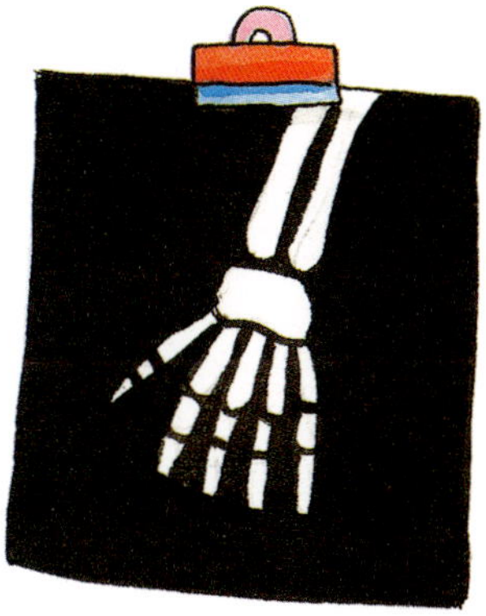

Al cabo de un rato, el médico declaró:

–El brazo está roto. Hay que escayolarlo, pero en seis semanas estará curado.

–¡Vaya experiencia! –dijo su madre.

–¡Desde luego! Mamá, parece que Dina se lo ha pasado genial en la ambulancia. Creo que le encantaría montar todos los días –dijo Susana.

–¡Buena idea! –exclamó su mamá–. Hará compañía a los niños cuando tengan que ir al hospital, y les quitará el miedo con su sonrisa.

Desde entonces, no hay urgencia en la que Ali y María no cuenten con la ayuda de Dina, la muñeca enfermera.

EL CABALLO DE MADERA

El caballo de madera era precioso, con la melena trenzada, riendas y un arnés con cascabeles. Pero llevaba mucho tiempo abandonado en el escobero.

«Nadie sabe que estoy aquí», se decía a sí mismo. Pero un día, la puerta se abrió de golpe.

–¡Un caballo, Anita! –dijo una voz desconocida–. Debía de estar aquí antes de que llegásemos. ¡Puedes utilizarlo para la colecta del domingo!

–No es un caballo de verdad, Max –dijo Anita.

–¡Es aún mejor que uno de verdad! –respondió Max–. Con este puedes ir a donde quieras.

El caballo de juguete escuchaba atentamente: «Este niño está equivocado. Los caballos de verdad trotan y galopan. ¿Cómo voy a ser mejor que uno de verdad?», pensó.

Pero el domingo Anita se animó y salió con él a la calle. Parecía una auténtica amazona. El caballito estaba emocionado.

–¡Una donación para el refugio de animales! –gritaba Anita, mientras sostenía el cubo de la recolecta.

Al pasear entre el público, el caballo de madera se dio cuenta de que no estaba anticuado del todo. ¡Aún podía cabalgar!

–¡Mira, Anita! Yo también tengo un caballo –se oyó decir a Max.

Anita miró, y también lo hizo su caballo:

«¡Ya no estaré solo nunca más!», pensó para sí muy alegre. Y nunca más lo estuvo.

MIMI SE HA PERDIDO

Todos en el Safari Park conocían a Lupo, el todoterreno. Siempre iba de aquí para allá con Laura, la veterinaria del parque.

Un día, ambos se dirigieron a visitar a Kuma, una mamá chimpancé que acababa de tener una preciosa cría llamada Mimi.

–El bebé es aún muy pequeño, pero está perfectamente –le dijo Laura al guarda.

–¡Estupendo! –respondió él–. Es la primera cría de chimpancé que nace en el parque.

Mientras, Lupo lo pasaba en grande con Mimi. Era tan pequeña y divertida...

Lupo trabajó toda la mañana visitando a los demás animales, hasta que Laura recibió una llamada muy urgente.

–¿Has vuelto a ver a Mimi desde esta mañana? –le preguntó el guarda muy nervioso–. ¡Ha desaparecido!

–No, pero daré una vuelta con Lupo para ver si la encuentro –contestó Laura intentando tranquilizarle.

–¡Buena idea! –dijo el guarda.

Todos se pusieron a buscar, pero nadie consiguió dar con ella.

Sin embargo, Lupo no parecía preocupado.

–Pronto se hará de noche. Tenemos que encontrarla –dijo Laura–. Estará asustada, y ya empieza a hacer frío.

Y, al estirar la mano hacia el asiento de atrás en busca de su chaqueta, tocó algo blandito y bastante peludo. ¡Era Mimi profundamente dormida!

–¡Por eso no la encontrábamos! –dijo el guarda–. Ha estado ahí todo este tiempo.

–¡Vaya! –dijo Laura–. Parece que Lupo tiene una nueva amiga. Ya no tenemos de qué preocuparnos. Lupo cuidará de ella.